BEI GRIN MACHT SICH IHR WISSEN BEZAHLT

- Wir veröffentlichen Ihre Hausarbeit, Bachelor- und Masterarbeit

- Ihr eigenes eBook und Buch - weltweit in allen wichtigen Shops

- Verdienen Sie an jedem Verkauf

Jetzt bei www.GRIN.com hochladen und kostenlos publizieren

Bibliografische Information der Deutschen Nationalbibliothek:

Die Deutsche Bibliothek verzeichnet diese Publikation in der Deutschen National-
bibliografie; detaillierte bibliografische Daten sind im Internet über http://dnb.d-
nb.de/ abrufbar.

Impressum:

Copyright © 2007 GRIN Verlag, Open Publishing GmbH
Druck und Bindung: Books on Demand GmbH, Norderstedt Germany
ISBN: 9783640475964

Dieses Buch bei GRIN:

http://www.grin.com/de/e-book/138604/outsourcing-von-it-leistungen

Albert Holstein

Outsourcing von IT-Leistungen

GRIN Verlag

GRIN - Your knowledge has value

Universität Siegen
Institut für Wirtschfatinformatik

Outsourcing von IT-Leistungen

Vorgelegt am 26.11.2007

Inhaltsverzeichnis

Abbildungsverzeichnis

1. Einleitung

Der Wandel der Informationstechnologie (IT) und die dynamische Entwicklung auf den Märkten für Industrieprodukte bedeuten für jedes Unternehmen eine ständige Herausforderung. Die kontinuierliche Anpassung der IT Strategie an veränderte Rahmenbedingungen wird infolgedessen zu einer strategischen Notwendigkeit. Gerade heutzutage gewinnt IT-Outsourcing als unternehmerisches Gestaltungsmittel immer mehr an Bedeutung. In wirtschaftlich schwierigen Zeiten stellt das Anzeichen der Kostenreduktion für Unternehmen häufig ein Motiv zur Verschlankung eigener Unternehmensstrukturen und Auslagerung einzelner Aufgabenbereiche dar.

Gerade die rasante Entwicklung im Bereich der Informationstechnologie (IT) zeigt dies deutlich auf. Eine Lösung für diese schnelle Entwicklung in der Informations-Technologie wird in der Ausgliederung der Nicht-Kernkompetenzen gesehen. Dabei sollte nicht übersehen werden, wie wichtig diese Nicht-Kernkompetenzen weiterhin für ein Unternehmen sein können [Söbb05].

2. Begriffliche Abgrenzung und Ausprägungen im Einzelnen

Im folgenden Kapitel wird der Begriff Outsourcing und damit zusammen hängende IT-Leistungen zu definiert und abgegrenzt. Zuerst werden kurz die Begriffe Sourcing und Outsourcing erläutert und im Anschluss über IT-Leistungen und das IT-Outsourcing als solches diskutiert. Ferner wird auch auf das Insourcing als Gegenpol eingegangen, die Eigenschaften des IT-Outsourcing speziell erklärt und von ähnlichen Begriffen abgegrenzt.

Sourcing

Zu dem Thema Sourcing findet sich in der Literatur eine Vielzahl von Begrifflichkeiten, die oftmals mit unterschiedlichen Bezeichnungen dasselbe und mit gleich lautenden Unterschiedliches meinen. Im Folgenden werden zunächst wichtige grundsätzliche Varianten und deren Verwendung in der Literatur und der Praxis systematisiert.

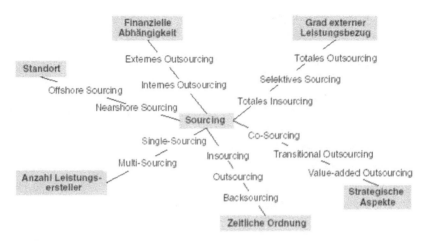

Abb.1 IT-Sourcing-Map [Euph07]

„Beim Sourcing handelt es sich in seiner allgemeinen Form um die klassische Beschaffung von Produkten und/oder Dienstleistungen. Der Begriff ist wertfrei, was die Art und/oder Umfang der Eigenerstellung bzw. Fremdbezug der Leistungen anbelangt. Als Oberbegriff wird Outsourcing oft synonym zu Sourcing benutzt" [Euph07].

Outsourcing

In der Literatur liegt dem Outsourcing-Begriff bis heute keine einheitliche Definition zugrunde. Übereinstimmung besteht jedoch darin, dass der Begriff Outsourcing aus den englischen Wörtern „outside" und „ressourcing" beziehungsweise „outside" „ressource" und „using" zusammengesetzt und im Allgemeinen den Bezug von Leistungen über externe Marktteilnehmer beschreibt [Nolt06].

Es folgt eine Erläuterung des Begriffs und seine Bedeutung.

1. *Begriff*: „Verlagerung von Wertschöpfungsaktivitäten des Unternehmens auf Zulieferer. Outsourcing stellt eine Verkürzung der Wertschöpfungskette bzw. der Leistungstiefe des Unternehmens dar. Durch die Inanspruchnahme qualifizierter, spezialisierter Vorlieferanten für Komponenten und Dienstleistungen werden die Produktions-, Entwicklungs-, aber auch Dienstleistungsgemeinkosten des Unternehmens häufig reduziert. Durch Konzentration auf die Kernaktivitäten werden Kostenvorteile realisiert, die operative und strategische eigene Marktposition so verbessert. Strate-

gisch wichtig ist, dass im Rahmen des Outsourcing Schlüsseltechnologien und -kompetenzen nicht aufgegeben werden, weil auf diese Weise eine unerwünschte Abhängigkeit vom Vorlieferanten entstehen könnte" [GaWi04].

2. *Bedeutung:* „Outsourcing von Dienstleistungen (z. B. Datenverarbeitung), aber auch der Teileproduktion oder ganzer Komponenten in der Industrie und damit die kostenorientierte Verkürzung der Wertschöpfungstiefe, hat strategisch in den letzten Jahren an Bedeutung gewonnen" [GaWi04].

Outsourcing ist ein häufig verwendeter Begriff, der oft sehr unterschiedlich definiert wird. Das erschwert die Vergleichbarkeit der empirischen Feststellungen, macht es teilweise sogar unmöglich. In seinen Bestandteilen impliziert er eine Leistung (hier: auch IT-Leistung), die von einem Unternehmen eines externen Marktes beschafft wird.

Der Begriff beinhaltet den Rückgriff auf ausserhalb des Verantwortungsbereiches eines Unternehmens liegende Quellen und ist nicht auf ein spezielles Gebiet, etwa auf die Auslagerung von Informatik-Dienstleistungen begrenzt. Das Outsourcing unterscheidet sich von der bloßen Auftragsvergabe dadurch, dass es sich meist um Unternehmenstätigkeiten handelt, die vorher selbst erbracht wurden [ScherE96].

Insourcing

Unter Insourcing bzw. Wiedereinlagerung versteht man die Wiedereingliederung der zuvor ausgelagerten Prozesse und Funktionen in das Unternehmen. Durch Insourcing werden größere Teile des Gesamtproduktionsprozesses im eigenen Unternehmen wieder vorgenommen. Dies hat zur Folge, dass die Abhängigkeit von externen Zulieferern reduziert wird und sich die Verlässlichkeit der Planung erhöht [euph07].

IT

„IT ist eine Abkürzung für Informationstechnologie: Oberbegriff für alle mit der elektronischen Datenverarbeitung in Berührung stehenden Techniken. Unter IT fallen sowohl Netzwerkanwendungen, Datenbankanwendungen, Anwendungen der Bürokommunikation als auch die klassischen Tätigkeiten des Software Engineering" [GaWi04].

IT-Leistungen

„Das Outsourcing im Umfeld der elektronischen Datenverarbeitung kann sich grundsätzlich auf alle Bereiche, Ebenen, Phasen und Tätigkeiten eines Unternehmens beziehen, in denen Informationstechnologien zum Einsatz kommen oder für ihren Einsatz vorbereitet werden. Die am Markt angebotenen Leistungstypen reichen von der reinen Beratung bis zur individuellen Hardware-Implementierung und Wartung" [Bräu04]. In Outsourcing-Projekten werden in den meisten Fällen die verschiedenen Leistungstypen dem Kunden als eine gebündelte und in sich stimmige Komplettlösung angeboten. Das Auseinanderziehen des Projektes in einzelne Bestandteile erscheint nicht mehr sinnvoll, da die einzelnen Leistungen aufeinander aufbauen und in einem engen Zusammenhang zueinander stehen.

IT-Outsourcing

„Unter IT-Outsourcing im Speziellen wird in der Folge die mittel- und langfristige Auslagerung einzelner oder aller bisher innerbetrieblich erbrachter IT-Aufgaben an ein rechtlich unabhängiges Dienstleistungsunternehmen verstanden" [Rein96].

Die Steuerung und Kontrolle der Leistungserbringung erfolgen nicht mehr über die Führung einer internen Geschäftseinheit, sondern über den Outsourcing-Vertrag und die entsprechenden Service-Level Agreements (SLA). Je nach Ausprägung kann ein IT-Outsourcing nicht nur Hard- und Software umfassen, sondern sowohl eigenständige (Geschäfts-) Prozesse und Daten, als auch den Betrieb von IT-Systemen und den Transfer von Personal.

In der Variante IT-Outsourcing werden die IT-Infrastrukturen und Anwendungsumgebungen an Marktanbieter vergeben, beim Business Prozess Outsourcing (BPO) ganze Geschäftsprozesse. Kommt eine Standortverlagerung in entlegene, deutlich günstigere Regionen hinzu, spricht man von Offshore-Outsourcing [DeBR04].

Offshore-Outsourcing

Unter diesem Begriff versteht man die Erstellung und Ausführung von Produkten und Dienstleistungen in fernen Ländern aufgrund meist wirtschaftlicher Vorteile [MaBe06]. Beim Offshoring beziehen Unternehmen IT-Ressourcen und Prozesse über größere Distanzen hinweg aus kostengünstigen Niedriglohnländern, heutzutage insbesondere aus Indien.

3. Konzept des Outsourcing und seine Basisbetrachtungen

„Das Outsourcing ist mittlerweile zu einem der wichtigsten Instrumente des heutigen Wirtschaftslebens geworden, was sich auch in der regen Diskussion dieses Themas widerspiegelt" [Ahrn92]. In sehr sensiblen Bereichen, wie zum Beispiel der Datenverarbeitung, wird Outsourcing auch als ein deutlicher Trend zur verstärkten Anwendung dieser Organisationsform gesehen. In weniger sensiblen Bereichen ist das Outsourcing hingegen schon ein fester Bestandteil der Unternehmensplanung geworden.

3.1 Rückblick – die geschichtliche Entwicklung

Viele der ersten Outsourcinggeber waren Industrieunternehmen wie z. B. Automobilhersteller. Diese haben nach japanischem Vorbild von Lean Produktion einen Teil ihrer Produktion ausgelagert. Das Ziel bestand darin, die Fertigungstiefe zu reduzieren und somit den Zulieferanteil zu erhöhen.

In den 50er Jahren wurden einzelne Funktionen wie z. B. Logistikbereiche, Druckereien oder Sicherheitsdienste von den Grossunternehmen aus Kostengründen ausgegliedert [HoBP04].

In den frühen 80er Jahren wurden aus Kostendruckgründen nicht nur Funktionen, sondern auch ganze Prozesse ausgegliedert. Eine Verschärfung des Wettbewerbs, globale Beschaffungsmöglichkeiten sowie technologische Informations- und Kommunikationstechniken: Das alles führte zu massiven Anpassungen von Kostenstrukturen sowie Prozessen. Der Einsatz von externen Experten hat sich als besonders vorteilhaft erwiesen, da das Informatik-Personal in den IT-Abteilungen durch die hohe technische Innovationsgeschwindigkeit überfordert war [HoBP04].

Eine Welle in den 90er Jahren entstand durch das Aufstreben spezialisierter Outsourcingnehmer, professioneller Leistungen und der Konzentration auf das Kerngeschäft, indem unnötiger Ballast über Bord geworfen wurde.

3.2 Ziele beim Outsourcing

Nachfolgend werden die generellen Ziele beim Outsourcing von IT-Leistungen betrachtet, die sich teilweise aus der Unternehmensspezifikation heraus unterscheiden können.

Qualitative Ziele

Die qualitativen Ziele richten an den Erfolgspotenzial des Unternehmens aus und sind nicht direkt messbar [BeMa98]. Die im Folgenden genannten Ziele beziehen sich auf die generelle Auslagerung von Leistungen als Funktionsübertragung an extern verbundene Unternehmen.

(1) Konzentration auf Kernkompetenzen

Durch die Übertragung von Personal und Kapazitäten auf externe Dienstleister kann die Unternehmensführung ihre knappen Ressourcen in Bereiche lenken, die die Kernkompetenzen des Unternehmens darstellen [BeMa98]. Dabei können z.B. Finanzmittel, die frei werden, auf andere Investitionsvorhaben umgeleitet werden. Auch die Mitarbeiter können von Routineaufgaben befreit werden, um sich mehr auf strategische und koordinierende Aufgaben zu konzentrieren.

(2) Erhöhung der Anpassungsfähigkeit

„Hierbei wird die strategische, strukturelle sowie kosten- und qualitätsmäßige Flexibilität unterschieden" [BeMa98]. Das Unternehmen kann mit reduzierten Gemeinkostenblöcken neue Chancen am Markt flexibler und schneller wahrnehmen und seine Geschäftsstrategien besser durchsetzen, indem es die Leistungen aus der technologischen Angebotspalette des Dienstleisters selbst auswählt. So wird eine allgemein verbesserte Reaktionsfähigkeit auf Marktveränderungen erzielt.

(3) Realisierbarkeit

Die einzelnen Ziele sollen realisierbar sein d.h. das Unternehmen muss diese theoretisch auch erreichen können [AmWi06].

(4) Zugang zu externem Know-how

Das wesentliche Ziel von Outsourcing ist es, vom spezialisierten Know-how des externen Dienstleisters zu profitieren. Was für das auslagernde Unternehmen im Sekundarbereich ausgesiedelt ist, stellt für den Dienstleister die Kernkompetenz dar [BeMa98].

(5) Reduzierung des Risikos

Sowohl bei der Neuentwicklung von Systemen als auch beim Investitionsrisiko wird ein Teil des Geschäftsrisikos an den Outsourcing-Partner abgegeben.

(6) Verbesserung der Kundenorientierung

„Durch Rückgriffe auf spezialisierte Dienstleistungsangebote wird eine insgesamt intensivere Kundenorientierung erwartet" [BeMa98]. Auf Grund der Besinnung auf die Kernkompetenzen haben die IT-Dienstleister in den meisten Fällen eine viel weiter entwickelte „Service-Mentalität" als diejenige im Unternehmen.

Quantitative Ziele

Im Mittelpunkt der quantitativen Ziele steht die Kostensenkung [BeMa98].

(1) Senkung der Produktionskosten

Die Kostensenkungspotenziale in Form von Erfahrungskurven- und Fixkostende-gressionseffekt werden realisiert, indem sie von den Dienstleistern an das nach-gefragte Unternehmen weitergegeben werden [BeMa98].

(2) Zahlungsmittelzufluss durch Anlagenvermögen/Umlaufvermögen-Verkauf

Wenn die Möglichkeit besteht, die Leistungen auf dem Markt anzubieten, kann das Unternehmen nicht nur seine Kosten senken, sondern auch den Ertrag stei-gern [BeMa98].

3.3 Formen des Outsourcing

Bei der Auslagerung des IT-Systems kann man grundsätzlich zwischen zwei Formen unterscheiden: Übertragung des IT-Systems auf einen fremden Anbieter „externes Outsourcing" oder auf ein verbundenes Unternehmen „internes Outsourcing".

Externes IT-Outsourcing

Bei einem externen IT-Outsourcing wird die Leistung und Auslagerung eigener Ressourcen an einen unabhängigen Dritten übertragen. So kann auch zwischen der Auslagerung eines gesamten Aufgabenbereichs, dem totalen Outsourcing, und der Auslagerung nur eines Teils eines Aufgabenbereichs, dem partiellen oder Modul-Outsourcing, unterschieden werden [BaReS02].

Internes IT-Outsourcing

Beim internen IT-Outsourcing werden bestehende Bereiche lediglich in eine rechtlich selbständige Einheit innerhalb des Konzernverbunds ausgegliedert. Eine mögliche Form des internen Outsourcing ist das Inhouse-Outsourcing, falls die Leistungserbringung räumlich unverändert erfolgt. Denkbar ist auch die Ausgliederung eines Unternehmensbereichs als rechtlich selbständige Beteiligungsgesellschaft in Form eines Beteiligungs-Outsourcings [BaReS02]. Eine weitere Form des internen Outsourcing ist die Betriebsaufspaltung. Hierbei wird eine nicht haftende Besitzgesellschaft gegründet, die sämtliche Anlagevermögen besitzt und diese der haftenden Betriebsgesellschaft verpachtet, die wiederum nur die personellen Produktionsmittel und das Umlaufvermögen besitzt.

3.4 Segmente des IT-Outsourcing

Outsourcing stellt ein wichtiges Konzept für die IT dar. Wie an früherer Stelle bereits erwähnt, fanden erste Outsourcingprojekte bereits in den 60er Jahren statt. Seit damals hat sich der Trend zur Auslagerung einzelner oder auch mehrerer Aufgaben der IT deutlich verstärkt. Besonders wichtig ist das IT-Outsourcing im Internet, das eine Schlüsselposition einnimmt, indem Bezug von Software über das Internet auf Basis von Mietmodellen zunehmend populär wird [LuSh97].

Eine Betrachtung des Marktes für IT-Outsourcingleistungen ergibt drei abgrenzbare Segmente [LuSh97]:

· *Professional Services*: In diesem Bereich werden Dienste wie die EDV-Beratung, Systementwicklung und -design sowie Installation, Programmierung und Schulung subsumiert. Der Dienstleister kann zum Beispiel Softwareapplikationen wie SAP R/3 betreuen oder komplette Geschäftsprozesse für seine Kunden abwickeln. Die Vertragslaufzeit beträgt in der Regel bis zu fünf Jahren.

· *Systemintegration*: Dieses Segment umfasst komplexe projektbezogene Dienste, bei denen der Dienstleister als Generalunternehmer die finanzielle Verantwortung für das Projektergebnis trägt. Netzbetrieb und Großsystemanwendungen gelten als Beispiele für dieses Segment, in dem die Vertragslaufzeit in der Regel zwischen fünf und zehn Jahren beträgt.

· *Facility Management (Management der IT-Infrastruktur)*: Darunter fällt beispielsweise der Betrieb eines Rechenzentrums. Auch hier übernimmt der Dienstleister meist langfristige finanzielle Verantwortung als Generalunternehmer.

3.5 Chancen und Risiken

Die Entwicklung der IT-Infrastrukturen für das interne und externe Informations- und Kommunikationswesen hat sich innerhalb der letzten Jahre grundlegend geändert [HoBP04]. Gleichzeitig zerbrechen sich die Unternehmen die Köpfe, weil die IT-Kosten überproportional steigen.

Aus technischer Sicht bilden also die Netzwerke (LANs, WANs, Intranet, Extranet, VPNs, und Internet) sowie die Applikationen das Herz der Unternehmen, die technologischem Wandel und Weiterentwicklung unterworfen sind [HoBP04]. Das Ganze bildet für die Unternehmen einen kritischen Faktor und muss aus diesem Grund professionell betrieben werden.

Die Kluft zwischen internem Know-how und den laufend steigenden Anforderungen an die benötigten Lösungen wird jährlich größer [HoBP04]. Das kann als einer der Hauptgründe dafür angesehen werden, dass heutzutage immer mehr IT-Aufgaben ausgelagert werden.

Wie die bisherigen Ausführungen zeigen, stellt Outsourcing einen Ansatz dar, welcher die gezielte, langfristige Externalisierung von Leistungen zum Inhalt hat. Sein oberstes Ziel ist die Erhaltung bzw. Stärkung der Wettbewerbsfähigkeit des Unternehmens. Dieses Ziel kann grundsätzlich auf zwei Arten erreicht werden: durch eine Steigerung der Effektivität oder durch eine Erhöhung der Effizienz. Als mögliche Chancen können alle positiven Aspekte wie: *Konzentration auf das Kerngeschäft, Kostenvorteile und Leistungsverbesserung* angeführt werden [Bart03].

Durch Outsourcing von IT-Leistungen und die Konzentration auf das Kerngeschäft können die Unternehmen ihre Komplexität reduzieren und so schneller und flexibler auf Veränderungen am Markt reagieren. Das führt seinerseits gewöhnlich zu einer Reduktion des allgemeinen Geschäftsrisikos.

Um wettbewerbsfähig zu bleiben, sind die Unternehmen auf den schnellen und ressourcentransparenten Erwerb von Know-how angewiesen und deswegen werden die Tätigkeiten nach außen an professionelle Leistungsanbieter vergeben. Das führt zu höherer Qualität der Leistung bei gleichen oder sogar geringeren Kosten, da spezialisierte Leistungsanbieter in der Lage sind, dieselbe Leistung mit geringeren Kosten zu produzieren [Bart03].

Den Vorteilen des Outsourcing von IT-Leistungen stehen auch die Risiken wie Kostensteigerungen, Leistungsrisiken und Unternehmensbelastungen gegenüber. Es kann auch dazu kommen, dass die Kosten bei IT-Outsourcing sogar steigert. Handelt es sich bei der outgesourcten Leistung um eine wenig marktgängige Leistung, die spezielles Know-how erfordert, fehlen dem auslagernden Unternehmen alternative Anbieter, und es wird gezwungen sein, die höheren Preisforderungen zu akzeptieren.

Ein weiterer kritischer Faktor beim IT-Outsourcing ist der unkontrollierte Wissensabfluss, der unter Umständen negative Auswirkungen auf die Unternehmensentwicklung zur Folge haben kann. Als mögliche Risiken, die nicht unwichtig erscheinen, werden z. B. *Auswahl ungeeigneter Tätigkeiten, Abhängigkeit,* oder auch *Auswahl eines ungeeigneten Projektpartners* genannt [Bart03].

3.6 Anbieter- und Standortauswahl

„Die Auswahl des richtigen Anbieters ist aufgrund der hohen Abhängigkeit von entscheidender Bedeutung, und dies umso mehr, je umfassender und unternehmenskritischer die auszulagernden Leistungen sind" [DeBR04]. Auch wenn dieser Auswahlprozess mehrere Monate dauert, sollte man auf keinem Fall auf eine sorgfältige Prüfung und Bewertung der in Frage kommenden Firmen und ihrer Angebote verzichten. Unter Umständen kann es auch sinnvoll sein, erst mit einem kleinen Outsourcing-Projekt zu starten. So kann man den Dienstleister besser kennen lernen, bevor man zu einem umfassenderen Vertrag übergeht.

„Experten summierten für das vergangene Jahr alle bekannten, neu geschlossenen Outsourcing-Deals über einem Volumen von 40 Millionen Euro und errechneten so ein weltweites Auftragsvolumen für 2004 von 57,6 Milliarden Euro – so viel wie nie zuvor im Outsourcing-Markt. Erstmals überstieg dabei das Auftragsvolumen in Europa das der USA. Den Experten zufolge entfiel auf Europa ein Anteil von 49 Prozent, während die USA auf 44 Prozent zurückfiel. Das erstmals höhere Auftragsvolumen in Europa ging jedoch nicht zu Lasten des US-Markts, vielmehr zeichnete sich in Europa ein»dramatisches Wachstum ab, während in den USA kein signifikantes Sinken des Outsourcing-Volumens festzustellen ist«, erläuterte TPI die Zahlen zur geografischen Verteilung.»Europäische Firmen stellen fest, dass sie in einem globalen Markt nicht wettbewerbsfähig bleiben können, wenn sie nicht ihre Effizienz und Flexibilität steigern. Mit Outsourcing können sie ihre Ziele erreichen«" [SchA07].

„Outsourcing ist eine Maßnahme, die zunächst in einzelnen Einheiten / Lokationen begonnen wird und von dort aus auf Länder oder über Ländergrenzen hinweg ausgedehnt werden kann" [Bräu04]. Gründe dafür können z. B. eine gewachsene Organisation oder unterschiedlich lange vertragliche Bindungen der bisherigen Leistungserbringung in unterschiedlichen Einheiten sein.

Bevor sich die auslagernde Unternehmung auf einen ausländischen Partner festlegt, sollte es zunächst potenzielle Zielländer einer unfangreichen Analyse unterziehen. Dabei werden nicht nur geographische, administrative und wirtschaftliche Aspekte. sondern auch kulturelle Distanz berücksichtigt. Als Hilfe bei der Standortauswahl können so genannte Country-Ratings betrachtet werden, um einen ersten Eindruck zu vermitteln. Zur Vertiefung der Länderanalyse kann eine Vielzahl von Bewertungskriterien herangezogen werden [AmWi06].

4. Beispiel

Um sich einen Vorteil gegenüber der Konkurrenz zu verschaffen, müssen sich die Unternehmen inzwischen im Outsourcen von IT-Infrastrukturen und Prozessen versuchen.

Entsprechend lagern viele Unternehmen IT-Dienste und Infrastrukturen aus, denen sie keine strategische Bedeutung zumessen. Der deutsche IT-Outsourcing-Markt, siehe Abbildung 2, hat bereits ein beträchtliches Niveau erreicht und wächst weiter stark. 2003 sind hierzulande IT-Dienstleistungen im Gesamtwert von gut EUR 10 Mrd. ausgelagert worden [DeBR04]. Das Wachstum hält weiter an: Bis zum Jahr 2008 wird erwartet, dass der Umsatz auf EUR 17 Mrd. steigen und der Markt um jährlich rund. 11% wachsen wird. Dabei geht innerhalb dieser Zeitspanne die Dynamik verloren.

Für Europa, wie man in der Abbildung 3 sehen kann, wurde erwartet, dass 2003 gut EUR 45 Mrd. an IT-Services fremd vergeben werden. Das Marktvolumen auf europäischer Ebene dürfte bis 2008 auf 100 Mrd. ansteigen, wobei Deutschland und Großbritannien zusammen gut die Hälfte des Marktes bilden [DeBR04].

Abb. 2 IT Outsourcing-Markt Deutschland [DeBR04]

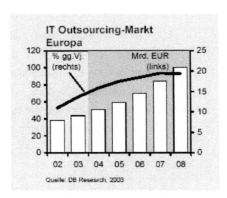

Abb. 3 IT Outsourcing-Markt Europa [DeBR04]

Besonders dynamisch ist die Finanzdienstleistungsbranche. Banken und Versicherungen werden auf der auslagernden Seite das Bild der nächsten Jahre prägen. Ihre hohe Fertigungstiefe, das informationsintensive Geschäft mit einem hohen Standardisierungsgrad bei einem erheblichen Teil der IT sowie der intensive Kosten- und Konsolidierungsdruck der Branche sind dafür die treibenden Kräfte [DeBR04].

Die ALBA EDV Beratungs + Service GmbH: Eine erfolgreiche IT-Ausgründung

Anhand eines Beispiels der ALBA EDV Beratungs- und Service GmbH wird gezeigt, wie eine IT-Abteilung ausgegründet werden kann.

Vor einigen Jahren strukturierte die Geschäftsleitung die Holding der Alba Gruppe um und dezentralisierte wesentliche Funktionen.

Die IT wurde in eine selbständige Einheit überführt – in Form einer Ausgründungspartnerschaft. Ein Jahr später folgte das Outsourcing der IT-Systeme und -Netze. Der Einsatz von Service-Level-Agreements (SLA) war ein Mittel auf dem Weg zu einer erfolgreichen IT-Ausgründung. Im Jahre 2001 fand ein Wechsel des Partners im Outsourcing statt. Auch hier mussten sich die SLAs bewähren [ALBAIT].

Entwicklung der ALBA IT

Mitte der 90er Jahre hat ALBA eine IT-Strategiediskussion und -planung durchgeführt und ist zu folgenden Kernergebnissen gekommen:

- Die Vielfalt der eingesetzten Software für die Kernprozesse der Unternehmen sollte abgebaut werden. Eine ERP-Software für alle Unternehmen, eine Auftragsbearbeitung pro Geschäftszweig – z.B. für Entsorgung, Schrotthandel, Produktionsunternehmen etc. sollte umgesetzt werden.
- Die Vielfalt der eingesetzten Systeme (UNIX-Derivate, Novell, Windows NT) sollte zugunsten einer einheitlichen Systemplattform aufgelöst werden.

Kurze Einführung zur ALBA-Gruppe

Branche	seit 1968 in Entsorgungsdienstleistungen für Handel, Gewerbe, Industrie und Kommunen sowie Abfallberatung- und Management tätig
Standorte	mehr als 70 Tochterfirmen an über 130 Standorten im In- und Ausland
Beschäftigte	mehr als 5.000 Mitarbeiter
Gesamtumsatz	ca. 450 Millionen
Vertragspartner	Kommunen in den neuen Bundesländern für die Abfallentsorgung von ca. 1,5 Mio. Einwohnern. Zudem besteht der DSD-Vertrag (Duales System Deutschland) für ca. 6 Millionen Einwohner.
Flotte	2.000 Fahrzeugen im Einsatz

Tabelle 1 Zahlen und Fakten zur ALBA-Gruppe [ALBAIT]

Die weiteren Angaben sind kurz aufgelistet:
- 1998-99 -- die Migration aller Systeme auf Windows NT
- Zielsetzung: -- durch einheitliche Systemplattformen (Ablösung von Unix und Novell) die Administrationskosten und Hardware-Kosten zu senken.
- Ende 1998 -- Einführung des zentralen Mailsystems auf der Basis von Exchange-Server und ein Intranet
- Anlass für IT-Integrationsprozesse: -- Das Wachstum der ALBA-Standorte durch überwiegenden Zukauf neuer Unternehmen oder Unternehmensbeteiligungen [ALBAIT].

Die Ausgründung der ALBA IT

Mit der Umstrukturierung der ALBA-Holding im zweiten Halbjahr 1996 wurde die ALBA IT ausgegründet und durch einen Geschäftsplan neu definiert. Im Zeitraum September 1996 bis Januar 1998 erfolgten die vier Schritte [ALBAIT]:

- Ausgründung der ALBA IT in eine eigenständige IT Gesellschaft, der ALBA EDV Beratungs- und Service GmbH in 1997

- Erarbeitung eines Geschäftsplans für die ALBA EDV Beratungs- und Service GmbH

- Entwicklung von Dienstleistungsverträgen mit einem transparenten und leistungsorientiertem IT-Preismodell (anstelle vorheriger Umlagenbelastung) mit der Festlegung von Service-Level-Agreements in den Dienstleistungsverträgen (zwischen ALBA EDV Beratungs- und Service GmbH und den ALBA Tochterfirmen)

- Outsourcing des Server- und Netzbetriebes mit Definition von Service-Levels zwischen Outsourcing-Partner und der ALBA EDV Beratungs- und Service GmbH in 1998.

Der Ausgründungsprozess wurde in den einzelnen Schritten durchgeführt. Während der Zeit gingen die Mitarbeiter von der zentralen IT innerhalb der ALBA Holding in die ALBA EDV Beratungs- und Service GmbH über.

Im Geschäftsplan wurde zunächst von 100 %-igem internem Geschäft ausgegangen. Nach ca. 1,5 Jahren wurden bereits erste externe Beratungsaufträge, d. h. Drittgeschäft, generiert. Heute liegt der Anteil des Drittgeschäftes bei ca. 5 % des Umsatzes [ALBAIT].

Die Abbildung 4 verdeutlicht die Aufgabenverteilung zwischen den Outsourcing-Partnern, der ALBA EDV Beratungs- und Service GmbH und den Tochterfirmen.

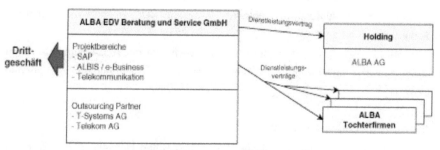

Abb. 4 Das Kompetenzspektrum der ALBA EDV Beratungs- und Service GmbH [ALBAIT].

Es sind insbesondere die IT-Aufgaben und -Projekte zur Integration des Wachstums zu bewältigen (z. B. neu akquirierte Firmen integrieren, neue Geschäftszweige unterstützen) als auch neue Projekte zur IT-Weiterentwicklung der ALBA-Gruppe [ALBAIT].

„Nachdem der Outsourcing-Vertrag mit der COMLINE AG unterschrieben wurde, gingen 11 Mitarbeiter nach der Ausgründung direkt zur COMLINE AG über. Das Wide Area Network (WAN) ist an die Deutsche Telekom outgesourct worden" [ALBAIT]. Durch die definierten Service-Level-Agreements (SLA) für die Tochterfirmen und Holding innerhalb der ALBA-Gruppe wurden zudem die daraus resultierenden Service-Levels für Systeme und Netze entsprechend als Vertragsgrundlage für die Outsourcing Partner COMLINE AG und Telekom AG definiert [ALBAIT].

Die von der ALBA IT zu erbringenden Services und Leistungen wurden dabei in einem gemeinsamen Prozess vereinbart. Bei den verschiedenen Tochterfirmen wurden intensive Gespräche mit dem Führungsmanagement, den IT-Anwendern und den IT-Koordinatoren geführt [ALBAIT].

„Heute gibt es als zentrales ERP-System SAP/R3 für alle deutschen Gesellschaften. Im Geschäftszweig Entsorgung wurde die Software ALBIS /EPAQ bei den deutschen und bosnischen Gesellschaften eingeführt, im Geschäftszweig Schrotthandel die Software RECY sowie geschäftszweigübergreifend für die Produktionsunternehmen SAP R/3" [ALBAIT].

5. Fazit und Ausblick

„Mit zunehmender Erfahrung im Outsourcing, einer Professionalisierung der Kunden sowie realistischer Erwartungen scheint nicht nur selektives, sondern zunehmend auch Total-Outsourcing erfolgreicher zu werden" [Söbb05]. Aufgrund der Globalisierung und damit einhergehend der Angleichung von Unternehmenskulturen wird Outsourcing verstärkt auch in Deutschland thematisiert werden.

Outsourcing kann allerdings nur funktionieren, wenn beide Seiten zufrieden sind. Es ist nicht förderlich, die Marge des Vertragspartners immer weiter drücken zu wollen. Die Outsourcing-Kunden sollten sich auf einen permanenten Balanceakt zwischen eigenen Ansprüchen und den Gewinnzielen der Outsourcinganbieter einstellen [Söbb05]. Um dieses ausgewogene Verhältnis zu pflegen, müssen sich die Mitarbeiter nach dem Betriebsübergang umorientieren.

Generell können die Outsourcing-Projekte nicht befürwortet werden. Die Gründe für diesen Schritt müssen sowohl von potenziellen Outsourcing-Kunden als auch von Outsourcing-Anbieter sorgfältig durchdacht und abgewogen werden [Söbb05]. Ferner müssen sich die Outsourcing-Partner darüber bewusst sein, was die Entscheidung dafür mit sich bringt.

Literaturverzeichnis

Internetquellen

[ALBAIT]
>   *Heinrich Ch. / Bernhard M.:* Die ALBA EDV Beratungs + Service GmbH:
>   Eine erfolgreiche IT-Ausgründung. http://www.symposion.de/slm_it-out/slm_it-out-04.htm. Abruf am 2007-11-15

[DeBR04]
>   *Schaaf, J. / Prof. Dr. Allweyer, T. / Besthorn, T.:* Deutsche Bank Research: Digitale Ökonomie und struktureller Wandel.
>   http://www.dbresearch.de/PROD/DBR_INTERNET_DE-PROD/PROD0000000000073793.pdf, 2004-04-06, Abruf am 2007-10-22

[Euph07]
>   *Jouanne-Diedrich, H.:* Eine Orientierungshilfe im stetig wachsenden Dschungel der Outsourcing-Konzepte. In: ephorie.de – Das Management-Portal.
>   http://www.ephorie.de/it-sourcing-map.htm Abruf am 2007-10-23

Bücher

[AmWi06]
>   *Amberg, Michael / Wiener, Martin:* IT-Offshoring: Management internationaler IT-Outsourcing-Projekte. Physica-Verlag, Heidelberg 2006

[Ahrn92]
>   *Ahrend, Daniel:* Das Outsourcing-Konzept: Darstellung und Kritik
>   einer alternativen Organisationsform für die betriebliche Datenverarbeitung.
>   Hochschule Bremen, Bremen 1992

[BeMa98]
>   *Beer, Martin:* Outsourcing unternehmensinterner Dienstleistungen. Deutscher Universitätsverlag, Wiessbaden 1998

[BaReS02]
>   *Balz / Rebel / Schuck:* Outsourcing und Arbeitsrecht. Müller Verlag, Heidelberg 2002

[Bart03]
>   *Barth, Tilmann:* Outsourcing unternehmensnaher Dienstleistungen. Peter Lang Verlag, Frankfurt am Main 2003

[Bräu04]
>   *Bräutigam, Peter:* IT-Outsourcing: Eine Darstellung aus rechtlicher, technischer, wirtschaftlicher und vertraglicher Sicht. Erich Schmidt Verlag, Berlin 2004

[GaWi04]
>   *Gablerb:* Wirtschaftslexikon. CD-ROM für Windows 3.1x/95/ NT 4.0 (CD-ROM)

[HoBP04].
>   *Hodel, Markus / Berger, Alexander / Risi, Peter:* Outsourcing realisieren. Vieweg Verlag, Wiesbaden 2004

[LuSh97]
Lux, W. / Schön, P.: Outsourcing der Datenverarbeitung: Von der Idee zur Umsetzung. Springer Verlag, Berlin Heidelberg 1997

[MaBe06]
Becker, Mario: IT-Offshoring: Potenziale, Risiken, Erfahrungsberichte. Orell Füssli Verlag, Zürich 2006

[Nolt06]
Nolting, Roger: Netzbasiertes Outsourcing in kleinen und mittleren Unternehmen. Peter Lang Verlag, Frankfurt am Main 2006

[Rein96].
Reinecke, S.: Management von IT-Outsourcing-Kooperationen. THEXIS, St. Gallen 1996

[SchA07]
Schüll, Anke: Foliensammlung zur Vorlesung: IT-Controlling. Siegen SS 07

[ScherE96]
Scherm, E.: Outsourcing – ein komplexes, mehrstufiges Entscheidungsproblem. In: Zeitschrift für Planung, Band 7, Heft 1, (1996), S. 45-60.

[Söbb05]
Söbbing, Thomas: Handbuch IT-Outsourcing. C.F.Müller Verlag, Heidelberg 2005

BEI GRIN MACHT SICH IHR WISSEN BEZAHLT

- Wir veröffentlichen Ihre Hausarbeit, Bachelor- und Masterarbeit

- Ihr eigenes eBook und Buch - weltweit in allen wichtigen Shops

- Verdienen Sie an jedem Verkauf

Jetzt bei www.GRIN.com hochladen und kostenlos publizieren